SCHOLASTIC

SPEEDY MATH PRACTICE

Multiplication

40 Five-Minute Independent Practice Pages That
Help Kids Build Automaticity With Multiplication Facts

by Eric Charlesworth

New York • Toronto • London • Auckland • Sydney
Mexico City • New Delhi • Hong Kong • Buenos Aires

Teaching *Resources*

To Liza and Justin, who always have to multiply by two.

Cover design by Josué Castilleja
Cover and interior illustrations by Teresa Anderko
Interior design by Solutions by Design, Inc.

ISBN: 0-439-49831-7

Copyright © 2004 by Eric Charlesworth.
Published by Scholastic Inc.
All rights reserved.
Printed in the U.S.A.

1 2 3 4 5 6 7 8 9 10   40   11 10 09 08 07 06 05 04

CONTENTS

INTRODUCTION

Whether they are racing around the gymnasium or building something in the classroom, students love doing things quickly. Now there's a way to combine students' love of speed with multiplication. Welcome to *Speedy Math Practice*—40 super-fun practice pages for students to complete in a race against the clock! Each page features 30 basic multiplication problems in a spiral "racetrack." This engaging format motivates students to improve their score with every race—leading to automaticity with multiplication facts. Automaticity not only gives students more confidence in their math abilities, but it also allows teachers to spend more time on higher-level math content.

The National Council for Teachers of Mathematics (NCTM) stresses the importance of computational fluency in *Principles and Standards for School Mathematics* (NCTM, 2000). Students in grades 3–5 "should develop fluency with basic number combinations for multiplication and division," and "should be able to solve many problems mentally." The math races in this book provide students with the repeated practice they need to help them master the times table. This mastery builds the foundation for computational fluency in multiplication, which will help them on homework, on standardized tests, and in real-life applications.

HOW TO USE THIS BOOK

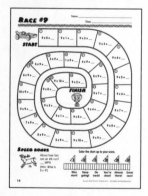

The 40 reproducible practice pages in this book are arranged in order of difficulty, starting with races that focus on one number at a time—from 1 to 10—and moving on to mixed practice of facts from 1 to 12. There are many ways you can use these practice pages: for individual practice, small groups, or whole class activities. Choose a page with an appropriate level of difficulty for your students. Once you have explained the purpose of the race, use a stopwatch, egg timer, or classroom clock to time students as they complete as many problems as they can in a five-minute period (or another amount of time).

When time is up, invite students to check their own papers. Explain that they should award one point for each correct answer. Once they tally their score, students can fill in the chart at the bottom of the page. Give students each a copy of the Success Chart on page 5 so they can show their progress on all 40 races. Show them how to shade the bar graph with the number of problems they answered correctly on each race. To help students improve their score, you might have them make flash cards of the problems they solved incorrectly before moving on to the next race.

By the time students have finished all the races in this book, they will have had repeated practice with basic number combinations in multiplication. Mastering the basic number combinations will allow students to mentally compute more difficult problems with greater ease and accuracy. In the end, students will remember the fun they had speeding their way around the multiplication racetrack, while you'll know the distance they've traveled on the way to automaticity and success in math!

SUCCESS CHART

Chart your success! Shade the boxes to show your score on each race.

YOUR SCORE									
30									
29									
28									
27									
26									
25									
24									
23									
22									
21									
20									
19									
18									
17									
16									
15									
14									
13									
12									
11									
10									
9									
8									
7									
6									
5									
4									
3									
2									
1									
0									

1 2 3 4 5 6 7 8 9 10 11 12 13 14 15 16 17 18 19 20 21 22 23 24 25 26 27 28 29 30 31 32 33 34 35 36 37 38 39 40

RACE NUMBER

Speedy Math Practice: Multiplication   Scholastic Teaching Resources

RACE #1

START

1. 1 x 0 = __
2. 1 x 1 = __
3. 1 x 2 = __
4. 1 x 3 = __
5. 1 x 4 = __
6. 1 x 5 = __
7. 1 x 6 = __
8. 1 x 7 = __
9. 1 x 8 = __
10. 1 x 9 = __
11. 1 x 10 = __
12. 1 x 3 = __
13. 0 x 1 = __
14. 1 x 6 = __
15. 1 x 8 = __
16. 1 x 4 = __
17. 1 x 10 = __
18. 1 x 2 = __
19. 5 x 1 = __
20. 1 x 9 = __
21. 1 x 7 = __
22. 1 x 1 = __
23. 7 x 1 = __
24. 2 x 1 = __
25. 4 x 1 = __
26. 10 x 1 = __
27. 6 x 1 = __
28. 9 x 1 = __
29. 3 x 1 = __
30. 8 x 1 = __

FINISH

SPEED BONUS

About how fast do most spiders crawl? ___ MPH

(Hint: What is 1 x 1?)

Color the chart up to your score.

5   10   15   20   25   30

| Nice start! | Keep going! | On track! | You're close! | Almost there! | Great race! |

RACE #2

START

1. $2 \times 0 = $ __
2. $2 \times 1 = $ __
3. $2 \times 2 = $ __
4. $2 \times 3 = $ __
5. $2 \times 4 = $ __
6. $2 \times 5 = $ __
7. $2 \times 6 = $ __
8. $2 \times 7 = $ __
9. $2 \times 8 = $ __
10. $2 \times 9 = $ __
11. $2 \times 10 = $ __
12. $3 \times 2 = $ __
13. $0 \times 2 = $ __
14. $8 \times 2 = $ __
15. $4 \times 2 = $ __
16. $9 \times 2 = $ __
17. $5 \times 2 = $ __
18. $1 \times 2 = $ __
19. $6 \times 2 = $ __
20. $2 \times 2 = $ __
21. $7 \times 2 = $ __
22. $10 \times 2 = $ __
23. $2 \times 7 = $ __
24. $2 \times 9 = $ __
25. $2 \times 4 = $ __
26. $2 \times 10 = $ __
27. $2 \times 5 = $ __
28. $2 \times 1 = $ __
29. $2 \times 6 = $ __
30. $2 \times 8 = $ __

FINISH

SPEED BONUS

About how fast can the fastest lizards crawl? ___ MPH

(Hint: What is 2 x 8?)

Color the chart up to your score.

5	10	15	20	25	30
Nice start!	Keep going!	On track!	You're close!	Almost there!	Great race!

RACE #3

START

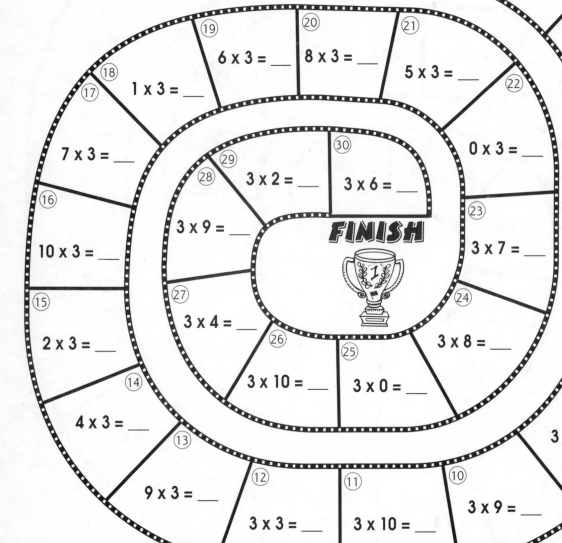

① 3 x 0 = __
② 3 x 1 = __
③ 3 x 2 = __
④ 3 x 3 = __
⑤ 3 x 4 = __
⑥ 3 x 5 = __
⑦ 3 x 6 = __
⑧ 3 x 7 = __
⑨ 3 x 8 = __
⑩ 3 x 9 = __
⑪ 3 x 10 = __
⑫ 3 x 3 = __
⑬ 9 x 3 = __
⑭ 4 x 3 = __
⑮ 2 x 3 = __
⑯ 10 x 3 = __
⑰ 7 x 3 = __
⑱ 1 x 3 = __
⑲ 6 x 3 = __
⑳ 8 x 3 = __
㉑ 5 x 3 = __
㉒ 0 x 3 = __
㉓ 3 x 7 = __
㉔ 3 x 8 = __
㉕ 3 x 0 = __
㉖ 3 x 10 = __
㉗ 3 x 4 = __
㉘ 3 x 9 = __
㉙ 3 x 2 = __
㉚ 3 x 6 = __

FINISH

SPEED BONUS

About how fast can a killer whale swim?
__ MPH

(Hint: What is 3 x 10?)

Color the chart up to your score.

5	10	15	20	25	30

Nice start!	Keep going!	On track!	You're close!	Almost there!	Great race!

8   *Speedy Math Practice: Multiplication*   Scholastic Teaching Resources

RACE #4

START

① 4 x 0 = ___

② 4 x 1 = ___

③ 4 x 2 = ___

④ 4 x 3 = ___

⑤ 4 x 4 = ___

⑥ 4 x 5 = ___

⑦ 4 x 6 = ___

⑧ 4 x 7 = ___

⑨ 4 x 8 = ___

⑩ 4 x 9 = ___

⑪ 4 x 10 = ___

⑫ 7 x 4 = ___

⑬ 9 x 4 = ___

⑭ 2 x 4 = ___

⑮ 1 x 4 = ___

⑯ 8 x 4 = ___

⑰ 10 x 4 = ___

⑱ 0 x 4 = ___

⑲ 6 x 4 = ___

⑳ 5 x 4 = ___

㉑ 3 x 4 = ___

㉒ 4 x 4 = ___

㉓ 4 x 8 = ___

㉔ 4 x 2 = ___

㉕ 4 x 0 = ___

㉖ 4 x 10 = ___

㉗ 4 x 4 = ___

㉘ 4 x 7 = ___

㉙ 4 x 9 = ___

㉚ 4 x 1 = ___

FINISH

SPEED BONUS

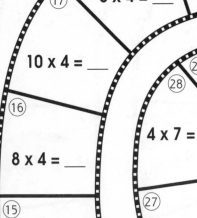

About how fast can a mouse run?
___ MPH

(Hint: What is 4 x 2?)

Color the chart up to your score.

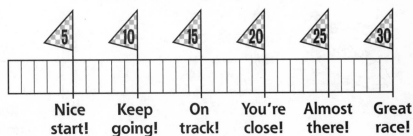

5	10	15	20	25	30

Nice start! **Keep going!** **On track!** **You're close!** **Almost there!** **Great race!**

RACE #5

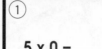

START

① 5 x 0 = ___

② 5 x 1 = ___

③ 5 x 2 = ___

④ 5 x 3 = ___

⑤ 5 x 4 = ___

⑥ 5 x 5 = ___

⑦ 5 x 6 = ___

⑧ 5 x 7 = ___

⑨ 5 x 8 = ___

⑩ 5 x 9 = ___

⑪ 5 x 10 = ___

⑫ 5 x 5 = ___

⑬ 0 x 5 = ___

⑭ 2 x 5 = ___

⑮ 1 x 5 = ___

⑯ 8 x 5 = ___

⑰ 6 x 5 = ___

⑱ 9 x 5 = ___

⑲ 3 x 5 = ___

⑳ 4 x 5 = ___

㉑ 7 x 5 = ___

㉒ 10 x 5 = ___

㉓ 5 x 8 = ___

㉔ 5 x 4 = ___

㉕ 5 x 1 = ___

㉖ 5 x 10 = ___

㉗ 5 x 9 = ___

㉘ 5 x 2 = ___

㉙ 5 x 7 = ___

㉚ 5 x 5 = ___

FINISH

SPEED BONUS

About how fast can the speediest snake slither? ___ MPH

(Hint: What is 5 x 2?)

Color the chart up to your score.

5	10	15	20	25	30

| Nice start! | Keep going! | On track! | You're close! | Almost there! | Great race! |

Speedy Math Practice: Multiplication Scholastic Teaching Resources

Name _____

Date _____

START

① 6 x 0 = __

② 6 x 1 = __

③ 6 x 2 = __

④ 6 x 3 = __

⑤ 6 x 4 = __

⑥ 6 x 5 = __

⑦ 6 x 6 = __

⑧ 6 x 7 = __

⑨ 6 x 8 = __

⑩ 6 x 9 = __

⑪ 6 x 10 = __

⑫ 2 x 6 = __

⑬ 8 x 6 = __

⑭ 9 x 6 = __

⑮ 1 x 6 = __

⑯ 10 x 6 = __

⑰ 4 x 6 = __

⑱ 5 x 6 = __

⑲ 3 x 6 = __

⑳ 0 x 6 = __

㉑ 7 x 6 = __

㉒ 6 x 6 = __

㉓ 6 x 8 = __

㉔ 6 x 2 = __

㉕ 6 x 1 = __

㉖ 6 x 10 = __

㉗ 6 x 3 = __

㉘ 6 x 4 = __

㉙ 6 x 6 = __

㉚ 6 x 7 = __

FINISH

SPEED BONUS

About how fast can a pig run? __ MPH

(Hint: What is 6 x 2?)

Color the chart up to your score.

5	10	15	20	25	30

| Nice start! | Keep going! | On track! | You're close! | Almost there! | Great race! |

RACE #7

START

1. $7 \times 0 = $ ___
2. $7 \times 1 = $ ___
3. $7 \times 2 = $ ___
4. $7 \times 3 = $ ___
5. $7 \times 4 = $ ___
6. $7 \times 5 = $ ___
7. $7 \times 6 = $ ___
8. $7 \times 7 = $ ___
9. $7 \times 8 = $ ___
10. $7 \times 9 = $ ___
11. $7 \times 10 = $ ___
12. $3 \times 7 = $ ___
13. $7 \times 7 = $ ___
14. $2 \times 7 = $ ___
15. $1 \times 7 = $ ___
16. $10 \times 7 = $ ___
17. $6 \times 7 = $ ___
18. $5 \times 7 = $ ___
19. $8 \times 7 = $ ___
20. $0 \times 7 = $ ___
21. $9 \times 7 = $ ___
22. $4 \times 7 = $ ___
23. $7 \times 8 = $ ___
24. $7 \times 3 = $ ___
25. $7 \times 1 = $ ___
26. $7 \times 10 = $ ___
27. $7 \times 5 = $ ___
28. $7 \times 6 = $ ___
29. $7 \times 2 = $ ___
30. $7 \times 7 = $ ___

FINISH

SPEED BONUS

About how fast can a gray kangaroo hop? ___ MPH

(Hint: What is 7 x 4?)

Color the chart up to your score.

5	10	15	20	25	30

Nice start!	Keep going!	On track!	You're close!	Almost there!	Great race!

Speedy Math Practice: Multiplication   Scholastic Teaching Resources

RACE #8

Name _____

Date _____

START

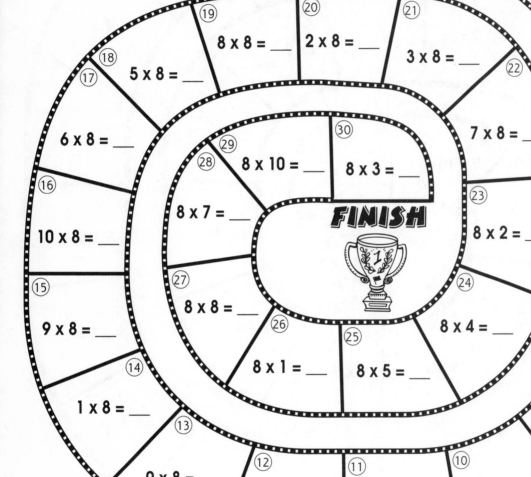

① 8 x 0 = __

② 8 x 1 = __

③ 8 x 2 = __

④ 8 x 3 = __

⑤ 8 x 4 = __

⑥ 8 x 5 = __

⑦ 8 x 6 = __

⑧ 8 x 7 = __

⑨ 8 x 8 = __

⑩ 8 x 9 = __

⑪ 8 x 10 = __

⑫ 4 x 8 = __

⑬ 0 x 8 = __

⑭ 1 x 8 = __

⑮ 9 x 8 = __

⑯ 10 x 8 = __

⑰ 6 x 8 = __

⑱ 5 x 8 = __

⑲ 8 x 8 = __

⑳ 2 x 8 = __

㉑ 3 x 8 = __

㉒ 7 x 8 = __

㉓ 8 x 2 = __

㉔ 8 x 4 = __

㉕ 8 x 5 = __

㉖ 8 x 1 = __

㉗ 8 x 8 = __

㉘ 8 x 7 = __

㉙ 8 x 10 = __

㉚ 8 x 3 = __

FINISH

SPEED BONUS

About how fast can a horsefly fly? __ MPH

(Hint: What is 8 x 1?)

Color the chart up to your score.

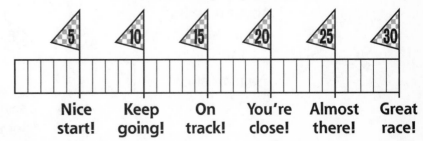

5   10   15   20   25   30

Nice start!   **Keep going!**   **On track!**   **You're close!**   **Almost there!**   **Great race!**

RACE #9

START

1 $9 \times 0 =$ ___

2 $9 \times 1 =$ ___

3 $9 \times 2 =$ ___

4 $9 \times 3 =$ ___

5 $9 \times 4 =$ ___

6 $9 \times 5 =$ ___

7 $9 \times 6 =$ ___

8 $9 \times 7 =$ ___

9 $9 \times 8 =$ ___

10 $9 \times 9 =$ ___

11 $9 \times 10 =$ ___

12 $2 \times 9 =$ ___

13 $0 \times 9 =$ ___

14 $7 \times 9 =$ ___

15 $9 \times 9 =$ ___

16 $10 \times 9 =$ ___

17 $6 \times 9 =$ ___

18 $5 \times 9 =$ ___

19 $3 \times 9 =$ ___

20 $1 \times 9 =$ ___

21 $4 \times 9 =$ ___

22 $8 \times 9 =$ ___

23 $9 \times 7 =$ ___

24 $9 \times 4 =$ ___

25 $9 \times 5 =$ ___

26 $9 \times 1 =$ ___

27 $9 \times 3 =$ ___

28 $9 \times 0 =$ ___

29 $9 \times 10 =$ ___

30 $9 \times 2 =$ ___

FINISH

SPEED BONUS

About how fast can an elk run? ___ MPH

(Hint: What is 9 x 4?)

Color the chart up to your score.

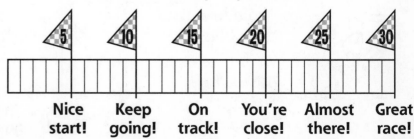

5	10	15	20	25	30
Nice start!	Keep going!	On track!	You're close!	Almost there!	Great race!

Speedy Math Practice: Multiplication Scholastic Teaching Resources

RACE #10

Name _____

Date _____

START

① 10 x 0 = ___

② 10 x 1 = ___

③ 10 x 2 = ___

④ 10 x 3 = ___

⑤ 10 x 4 = ___

⑥ 10 x 5 = ___

⑦ 10 x 6 = ___

⑧ 10 x 7 = ___

⑨ 10 x 8 = ___

⑩ 10 x 9 = ___

⑪ 10 x 10 = ___

⑫ 2 x 10 = ___

⑬ 0 x 10 = ___

⑭ 7 x 10 = ___

⑮ 6 x 10 = ___

⑯ 3 x 10 = ___

⑰ 4 x 10 = ___

⑱ 5 x 10 = ___

⑲ 9 x 10 = ___

⑳ 1 x 10 = ___

㉑ 10 x 10 = ___

㉒ 8 x 10 = ___

㉓ 10 x 3 = ___

㉔ 10 x 4 = ___

㉕ 10 x 9 = ___

㉖ 10 x 1 = ___

㉗ 10 x 5 = ___

㉘ 10 x 0 = ___

㉙ 10 x 8 = ___

㉚ 10 x 2 = ___

FINISH

SPEED BONUS

About how fast can a lion run? ___ MPH

(Hint: What is 10 x 5?)

Color the chart up to your score.

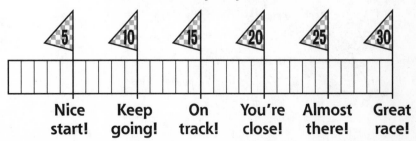

5	10	15	20	25	30
Nice start!	Keep going!	On track!	You're close!	Almost there!	Great race!

RACE #11

Name _____

Date _____

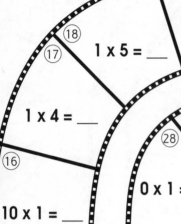

START

1 ① 1 x 0 = __

② 3 x 1 = __

③ 4 x 1 = __

④ 1 x 3 = __

⑤ 1 x 1 = __

⑥ 1 x 2 = __

⑦ 7 x 1 = __

⑧ 0 x 1 = __

⑨ 1 x 8 = __

⑩ 1 x 11 = __

⑪ 8 x 1 = __

⑫ 6 x 1 = __

⑬ 1 x 12 = __

⑭ 7 x 1 = __

⑮ 1 x 9 = __

⑯ 10 x 1 = __

⑰ 1 x 4 = __

⑱ 1 x 5 = __

⑲ 6 x 1 = __

⑳ 2 x 1 = __

㉑ 7 x 1 = __

㉒ 1 x 8 = __

㉓ 1 x 6 = __

㉔ 1 x 4 = __

㉕ 1 x 10 = __

㉖ 1 x 1 = __

㉗ 9 x 1 = __

㉘ 0 x 1 = __

㉙ 5 x 1 = __

㉚ 1 x 3 = __

FINISH

SPEED BONUS

About how fast does the fastest marathon runner run? ___ MPH
(Hint: What is 1 x 13?)

Color the chart up to your score.

5   10   15   20   25   30

| Nice start! | Keep going! | On track! | You're close! | Almost there! | Great race! |

16

Speedy Math Practice: Multiplication   Scholastic Teaching Resources

RACE #12

START

1. $7 \times 2 =$ ___
2. $2 \times 12 =$ ___
3. $2 \times 0 =$ ___
4. $2 \times 10 =$ ___
5. $3 \times 2 =$ ___
6. $8 \times 2 =$ ___
7. $2 \times 2 =$ ___
8. $2 \times 9 =$ ___
9. $2 \times 8 =$ ___
10. $2 \times 6 =$ ___
11. $2 \times 1 =$ ___
12. $6 \times 2 =$ ___
13. $12 \times 2 =$ ___
14. $9 \times 2 =$ ___
15. $2 \times 4 =$ ___
16. $8 \times 2 =$ ___
17. $2 \times 5 =$ ___
18. $4 \times 2 =$ ___
19. $3 \times 2 =$ ___
20. $2 \times 2 =$ ___
21. $2 \times 10 =$ ___
22. $4 \times 2 =$ ___
23. $7 \times 2 =$ ___
24. $2 \times 11 =$ ___
25. $1 \times 2 =$ ___
26. $5 \times 2 =$ ___
27. $10 \times 2 =$ ___
28. $2 \times 9 =$ ___
29. $2 \times 7 =$ ___
30. $6 \times 2 =$ ___

FINISH

SPEED BONUS

About how fast
can a squirrel run?
___ MPH

*(Hint: What is
6 x 2?)*

Color the chart up to your score.

5   10   15   20   25   30

| Nice start! | Keep going! | On track! | You're close! | Almost there! | Great race! |

RACE #13

START

1. 3 x 4 = __
2. 3 x 3 = __
3. 3 x 9 = __
4. 8 x 3 = __
5. 2 x 3 = __
6. 3 x 6 = __
7. 3 x 5 = __
8. 3 x 11 = __
9. 3 x 8 = __
10. 7 x 3 = __
11. 0 x 3 = __
12. 3 x 1 = __
13. 9 x 3 = __
14. 3 x 12 = __
15. 3 x 3 = __
16. 3 x 9 = __
17. 5 x 3 = __
18. 2 x 3 = __
19. 3 x 10 = __
20. 1 x 3 = __
21. 2 x 3 = __
22. 3 x 3 = __
23. 3 x 6 = __
24. 3 x 4 = __
25. 6 x 3 = __
26. 10 x 3 = __
27. 3 x 8 = __
28. 3 x 5 = __
29. 3 x 7 = __
30. 4 x 3 = __

FINISH

SPEED BONUS

About how fast can a cat run? __ MPH

(Hint: What is 3 x 10?)

Color the chart up to your score.

5   10   15   20   25   30

| Nice start! | Keep going! | On track! | You're close! | Almost there! | Great race! |

18

RACE #14

Name _____

Date _____

START

1. $2 \times 4 =$ ___
2. $4 \times 6 =$ ___
3. $5 \times 4 =$ ___
4. $4 \times 3 =$ ___
5. $9 \times 4 =$ ___
6. $1 \times 4 =$ ___
7. $4 \times 5 =$ ___
8. $4 \times 4 =$ ___
9. $8 \times 4 =$ ___
10. $7 \times 4 =$ ___
11. $10 \times 4 =$ ___
12. $4 \times 6 =$ ___
13. $4 \times 11 =$ ___
14. $4 \times 1 =$ ___
15. $4 \times 9 =$ ___
16. $4 \times 3 =$ ___
17. $5 \times 4 =$ ___
18. $9 \times 4 =$ ___
19. $8 \times 4 =$ ___
20. $4 \times 4 =$ ___
21. $4 \times 12 =$ ___
22. $4 \times 7 =$ ___
23. $4 \times 8 =$ ___
24. $4 \times 2 =$ ___
25. $1 \times 4 =$ ___
26. $10 \times 4 =$ ___
27. $4 \times 4 =$ ___
28. $2 \times 4 =$ ___
29. $7 \times 4 =$ ___
30. $4 \times 0 =$ ___

FINISH

SPEED BONUS

About how fast can a giraffe run? ___ MPH

(Hint: What is 4×8?)

Color the chart up to your score.

5   10   15   20   25   30

| Nice start! | Keep going! | On track! | You're close! | Almost there! | Great race! |

RACE #15

Name _____

Date _____

START

① 1 x 5 = __	② 5 x 2 = __	③ 7 x 5 = __

④ 3 x 5 = __

⑤ 5 x 5 = __

⑲ 5 x 10 = __   ⑳ 1 x 5 = __

⑱ 8 x 5 = __   ㉑ 5 x 4 = __

⑰

⑫ 12 x 5 = __

㉒

⑥ 5 x 10 = __

⑯

㉚ 5 x 2 = __

㉙ 5 x 9 = __

㉘

㉗ 5 x 0 = __

⑥ 6 x 5 = __

⑦ 5 x 5 = __   ⑦ 5 x 6 = __

㉓ 4 x 5 = __

FINISH

㉖ 3 x 5 = __

⑮

⑤ 5 x 9 = __

⑭

㉗

⑤ 5 x 5 = __

⑬

⑫ 5 x 4 = __

② 2 x 5 = __   ⑪ 5 x 3 = __

⑩ 10 x 5 = __

㉖ 9 x 5 = __   ㉕ 5 x 8 = __

㉔ 5 x 7 = __

⑧ 8 x 5 = __

⑨

⑪ 5 x 11 = __

SPEED BONUS

About how fast can a grizzly bear run?
___ MPH

(Hint: What is 5 x 6?)

Color the chart up to your score.

▷5   ▷10   ▷15   ▷20   ▷25   ▷30

| **Nice start!** | **Keep going!** | **On track!** | **You're close!** | **Almost there!** | **Great race!** |

20

RACE #16

Name _____

Date _____

START

1. $6 \times 2 =$ ___
2. $6 \times 9 =$ ___
3. $5 \times 6 =$ ___
4. $6 \times 8 =$ ___
5. $11 \times 6 =$ ___
6. $10 \times 6 =$ ___
7. $6 \times 7 =$ ___
8. $1 \times 6 =$ ___
9. $3 \times 6 =$ ___
10. $6 \times 4 =$ ___
11. $2 \times 6 =$ ___
12. $6 \times 12 =$ ___
13. $6 \times 8 =$ ___
14. $5 \times 6 =$ ___
15. $6 \times 11 =$ ___
16. $6 \times 6 =$ ___
17. $7 \times 6 =$ ___
18. $6 \times 9 =$ ___
19. $6 \times 3 =$ ___
20. $1 \times 6 =$ ___
21. $6 \times 10 =$ ___
22. $4 \times 6 =$ ___
23. $6 \times 2 =$ ___
24. $8 \times 6 =$ ___
25. $0 \times 6 =$ ___
26. $6 \times 6 =$ ___
27. $10 \times 6 =$ ___
28. $3 \times 6 =$ ___
29. $6 \times 7 =$ ___
30. $6 \times 9 =$ ___

FINISH

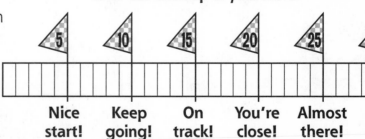

SPEED BONUS

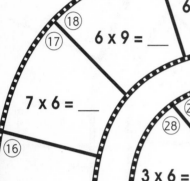

About how fast can a greyhound run?
___ MPH

(Hint: What is 7 x 6?)

Color the chart up to your score.

5	10	15	20	25	30

| Nice start! | Keep going! | On track! | You're close! | Almost there! | Great race! |

RACE #17

START

1. 7 x 9 = ___
2. 7 x 6 = ___
3. 10 x 7 = ___
4. 7 x 7 = ___
5. 7 x 12 = ___
6. 3 x 7 = ___
7. 7 x 1 = ___
8. 7 x 8 = ___
9. 3 x 7 = ___
10. 6 x 7 = ___
11. 7 x 2 = ___
12. 7 x 4 = ___
13. 11 x 7 = ___
14. 7 x 5 = ___
15. 2 x 7 = ___
16. 7 x 10 = ___
17. 4 x 7 = ___
18. 7 x 8 = ___
19. 0 x 7 = ___
20. 3 x 7 = ___
21. 7 x 4 = ___
22. 7 x 7 = ___
23. 5 x 7 = ___
24. 8 x 7 = ___
25. 12 x 7 = ___
26. 7 x 10 = ___
27. 7 x 9 = ___
28. 6 x 7 = ___
29. 2 x 7 = ___
30. 5 x 7 = ___

FINISH

SPEED BONUS

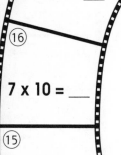

About how fast can a rabbit run? ___ MPH

(Hint: What is 7 x 5?)

Color the chart up to your score.

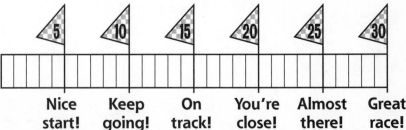

5	10	15	20	25	30
Nice start!	**Keep going!**	**On track!**	**You're close!**	**Almost there!**	**Great race!**

Speedy Math Practice: Multiplication Scholastic Teaching Resources

RACE #18

START

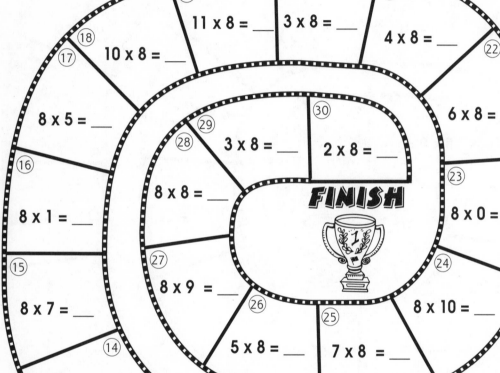

① 2 x 8 = __

② 9 x 8 = __

③ 8 x 3 = __

④ 8 x 10 = __

⑤ 7 x 8 = __

⑥ 8 x 5 = __

⑦ 6 x 8 = __

⑧ 8 x 8 = __

⑨ 12 x 8 = __

⑩ 4 x 8 = __

⑪ 8 x 2 = __

⑫ 8 x 4 = __

⑬ 6 x 8 = __

⑭ 8 x 9 = __

⑮ 8 x 7 = __

⑯ 8 x 1 = __

⑰ 8 x 5 = __

⑱ 10 x 8 = __

⑲ 11 x 8 = __

⑳ 3 x 8 = __

㉑ 4 x 8 = __

㉒ 6 x 8 = __

㉓ 8 x 0 = __

㉔ 8 x 10 = __

㉕ 7 x 8 = __

㉖ 5 x 8 = __

㉗ 8 x 9 = __

㉘ 8 x 8 = __

㉙ 3 x 8 = __

㉚ 2 x 8 = __

FINISH

SPEED BONUS

About how fast can a reindeer run?
___ MPH

(Hint: What is 8 x 4?)

Color the chart up to your score.

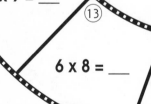

5   10   15   20   25   30

| **Nice start!** | **Keep going!** | **On track!** | **You're close!** | **Almost there!** | **Great race!** |

RACE #19

Name _____

Date _____

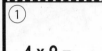

START

1. 4 x 9 = __
2. 9 x 7 = __
3. 2 x 9 = __
4. 9 x 10 = __
5. 3 x 9 = __
6. 9 x 5 = __
7. 11 x 9 = __
8. 5 x 9 = __
9. 3 x 9 = __
10. 10 x 9 = __
11. 9 x 8 = __
12. 9 x 9 = __
13. 4 x 9 = __
14. 12 x 9 = __
15. 9 x 2 = __
16. 9 x 5 = __
17. 8 x 9 = __
18. 10 x 9 = __
19. 9 x 2 = __
20. 7 x 9 = __
21. 9 x 11 = __
22. 6 x 9 = __
23. 7 x 9 = __
24. 9 x 9 = __
25. 9 x 3 = __
26. 9 x 6 = __
27. 0 x 9 = __
28. 1 x 9 = __
29. 8 x 9 = __
30. 4 x 9 = __

FINISH

SPEED BONUS

About how fast can a chicken run?
___ MPH

(Hint: What is 9 x 1?)

Color the chart up to your score.

5	10	15	20	25	30

| Nice start! | Keep going! | On track! | You're close! | Almost there! | Great race! |

RACE #20

Name _____

Date _____

START

1. 10 x 5 = ___
2. 6 x 10 = ___
3. 10 x 3 = ___
4. 10 x 9 = ___
5. 10 x 11 = ___
6. 1 x 10 = ___
7. 7 x 10 = ___
8. 10 x 8 = ___
9. 10 x 10 = ___
10. 10 x 12 = ___
11. 3 x 10 = ___
12. 10 x 4 = ___
13. 5 x 10 = ___
14. 7 x 10 = ___
15. 6 x 10 = ___
16. 10 x 10 = ___
17. 1 x 10 = ___
18. 10 x 7 = ___
19. 10 x 4 = ___
20. 10 x 2 = ___
21. 2 x 10 = ___
22. 6 x 10 = ___
23. 9 x 10 = ___
24. 10 x 8 = ___
25. 10 x 3 = ___
26. 10 x 0 = ___
27. 5 x 10 = ___
28. 1 x 10 = ___
29. 10 x 9 = ___
30. 4 x 10 = ___

FINISH

SPEED BONUS

About how fast can an ostrich run? ___ MPH

(Hint: What is 10 x 4?)

Color the chart up to your score.

5	10	15	20	25	30

| **Nice start!** | **Keep going!** | **On track!** | **You're close!** | **Almost there!** | **Great race!** |

RACE #21

START

1. $9 \times 3 = \underline{\hspace{1cm}}$
2. $3 \times 1 = \underline{\hspace{1cm}}$
3. $4 \times 6 = \underline{\hspace{1cm}}$
4. $5 \times 3 = \underline{\hspace{1cm}}$
5. $12 \times 4 = \underline{\hspace{1cm}}$
6. $8 \times 2 = \underline{\hspace{1cm}}$
7. $7 \times 6 = \underline{\hspace{1cm}}$
8. $3 \times 3 = \underline{\hspace{1cm}}$
9. $4 \times 8 = \underline{\hspace{1cm}}$
10. $2 \times 9 = \underline{\hspace{1cm}}$
11. $8 \times 11 = \underline{\hspace{1cm}}$
12. $6 \times 2 = \underline{\hspace{1cm}}$
13. $8 \times 0 = \underline{\hspace{1cm}}$
14. $7 \times 7 = \underline{\hspace{1cm}}$
15. $6 \times 9 = \underline{\hspace{1cm}}$
16. $10 \times 3 = \underline{\hspace{1cm}}$
17. $11 \times 4 = \underline{\hspace{1cm}}$
18. $9 \times 5 = \underline{\hspace{1cm}}$
19. $3 \times 2 = \underline{\hspace{1cm}}$
20. $5 \times 1 = \underline{\hspace{1cm}}$
21. $2 \times 10 = \underline{\hspace{1cm}}$
22. $7 \times 8 = \underline{\hspace{1cm}}$
23. $7 \times 1 = \underline{\hspace{1cm}}$
24. $4 \times 4 = \underline{\hspace{1cm}}$
25. $9 \times 10 = \underline{\hspace{1cm}}$
26. $1 \times 2 = \underline{\hspace{1cm}}$
27. $9 \times 4 = \underline{\hspace{1cm}}$
28. $5 \times 7 = \underline{\hspace{1cm}}$
29. $8 \times 6 = \underline{\hspace{1cm}}$
30. $7 \times 3 = \underline{\hspace{1cm}}$

FINISH

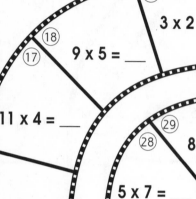

SPEED BONUS

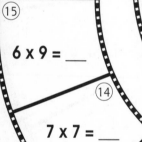

About how fast can a hyena run? ___ MPH

(Hint: What is 8 x 5?)

Color the chart up to your score.

| 5 | 10 | 15 | 20 | 25 | 30 |

| Nice start! | Keep going! | On track! | You're close! | Almost there! | Great race! |

Speedy Math Practice: Multiplication Scholastic Teaching Resources

RACE #22

Name _____

Date _____

START

| ① 7 x 4 = __ | ② 8 x 1 = __ | ③ 4 x 0 = __ | ④ |

⑤ 5 x 10 = __

3 x 12 = __

⑥ 8 x 8 = __

⑦ 2 x 6 = __

⑧ 3 x 9 = __

⑨ 5 x 8 = __

⑲ 3 x 6 = __

⑳ 2 x 2 = __

㉑ 10 x 10 = __

㉒ 4 x 3 = __

⑱ 4 x 9 = __

⑰

⑯ 5 x 5 = __

㉓ 7 x 6 = __

㉔ 8 x 4 = __

㉕ 9 x 11 = __

⑩ 2 x 12 = __

㉘

㉙ 7 x 7 = __

㉚ 6 x 9 = __

FINISH

③ 3 x 5 = __

⑩ 10 x 8 = __

⑮ 6 x 4 = __

㉗ 9 x 2 = __

㉖ 9 x 10 = __

⑭ 9 x 7 = __

⑬ 7 x 2 = __

⑫ 6 x 8 = __

⑪ 10 x 1 = __

SPEED BONUS

About how fast can a gray fox run? ___ MPH

(Hint: What is 9 x 3?)

Color the chart up to your score.

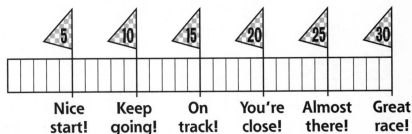

| | | | | | |
| 5 | 10 | 15 | 20 | 25 | 30 |

| **Nice start!** | **Keep going!** | **On track!** | **You're close!** | **Almost there!** | **Great race!** |

RACE #23

Name _____

Date _____

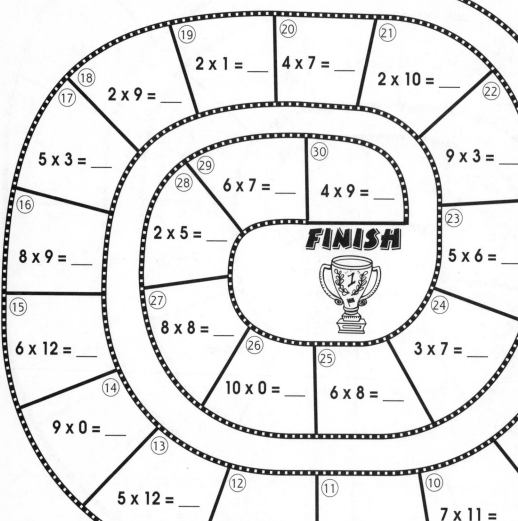

START

1. 4 x 3 = ___
2. 3 x 1 = ___
3. 3 x 3 = ___
4. 8 x 10 = ___
5. 2 x 4 = ___
6. 1 x 6 = ___
7. 9 x 5 = ___
8. 10 x 4 = ___
9. 2 x 8 = ___
10. 7 x 11 = ___
11. 8 x 3 = ___
12. 10 x 7 = ___
13. 5 x 12 = ___
14. 9 x 0 = ___
15. 6 x 12 = ___
16. 8 x 9 = ___
17. 5 x 3 = ___
18. 2 x 9 = ___
19. 2 x 1 = ___
20. 4 x 7 = ___
21. 2 x 10 = ___
22. 9 x 3 = ___
23. 5 x 6 = ___
24. 3 x 7 = ___
25. 6 x 8 = ___
26. 10 x 0 = ___
27. 8 x 8 = ___
28. 2 x 5 = ___
29. 6 x 7 = ___
30. 4 x 9 = ___

FINISH

SPEED BONUS

About how fast can an elephant run?
___ MPH

(Hint: What is 5 x 5?)

Color the chart up to your score.

5   10   15   20   25   30

| Nice | Keep | On | You're | Almost | Great |
| start! | going! | track! | close! | there! | race! |

RACE #24

Name _____

Date _____

START

① 2 x 4 = ___
② 3 x 8 = ___
③ 5 x 10 = ___
④ 5 x 1 = ___
⑤ 9 x 4 = ___
⑥ 1 x 9 = ___
⑦ 7 x 5 = ___
⑧ 2 x 5 = ___
⑨ 8 x 7 = ___
⑩ 7 x 2 = ___
⑪ 7 x 12 = ___
⑫ 10 x 6 = ___
⑬ 4 x 3 = ___
⑭ 6 x 0 = ___
⑮ 6 x 11 = ___
⑯ 3 x 7 = ___
⑰ 5 x 4 = ___
⑱ 9 x 2 = ___
⑲ 8 x 5 = ___
⑳ 8 x 8 = ___
㉑ 3 x 10 = ___
㉒ 7 x 6 = ___
㉓ 9 x 9 = ___
㉔ 2 x 12 = ___
㉕ 5 x 3 = ___
㉖ 2 x 2 = ___
㉗ 1 x 7 = ___
㉘ 2 x 8 = ___
㉙ 9 x 7 = ___
㉚ 3 x 9 = ___

FINISH

SPEED BONUS

About how fast can a racehorse run? ___ MPH

(Hint: What is 7 x 6?)

Color the chart up to your score.

▷ 5   ▷ 10   ▷ 15   ▷ 20   ▷ 25   ▷ 30

| Nice start! | Keep going! | On track! | You're close! | Almost there! | Great race! |

RACE #25

Name _____

Date _____

START

① 1 x 1 = __	② 2 x 2 = __	③ 3 x 3 = __

④ 4 x 4 = __

⑤ 5 x 5 = __

⑥ 6 x 6 = __

⑦ 7 x 7 = __

⑧ 8 x 8 = __

⑨ 9 x 9 = __

⑩ 10 x 10 = __

⑪ 1 x 2 = __

⑫ 2 x 3 = __

⑬ 3 x 4 = __

⑭ 4 x 5 = __

⑮ 5 x 6 = __

⑯ 6 x 7 = __

⑰ 7 x 8 = __

⑱ 8 x 9 = __

⑲ 9 x 10 = __

⑳ 1 x 3 = __

㉑ 2 x 4 = __

㉒ 3 x 5 = __

㉓ 4 x 6 = __

㉔ 5 x 7 = __

㉕ 6 x 8 = __

㉖ 7 x 9 = __

㉗ 8 x 10 = __

㉘ 0 x 0 = __

㉙ 2 x 9 = __

㉚ 5 x 2 = __

FINISH

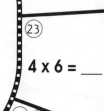

SPEED BONUS

About how fast do
scientists think
dinosaurs could
run? 10 to ___ MPH
(Hint: What is 5 x 5?)

Color the chart up to your score.

△5	△10	△15	△20	△25	△30

| **Nice start!** | **Keep going!** | **On track!** | **You're close!** | **Almost there!** | **Great race!** |

Speedy Math Practice: Multiplication   Scholastic Teaching Resources

RACE #26

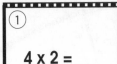

START

① 4 x 2 = __

② 1 x 5 = __

③ 5 x 3 = __

④ 4 x 8 = __

⑤ 0 x 5 = __

⑥ 10 x 2 = __

⑦ 9 x 7 = __

⑧ 6 x 2 = __

⑨ 12 x 7 = __

⑩ 3 x 10 = __

⑪ 2 x 11 = __

⑫ 7 x 3 = __

⑫ 12 x 8 = __

⑬ 5 x 5 = __

⑭

⑮ 8 x 5 = __

⑯ 10 x 7 = __

⑰ 7 x 4 = __

⑱ 6 x 9 = __

⑲ 2 x 3 = __

⑳ 1 x 9 = __

㉑ 9 x 4 = __

㉒ 2 x 2 = __

㉓ 9 x 2 = __

㉔ 8 x 6 = __

㉕ 7 x 7 = __

㉖ 1 x 3 = __

㉗ 10 x 1 = __

㉘ 6 x 4 = __

㉙ 2 x 7 = __

㉚ 5 x 9 = __

FINISH

SPEED BONUS

About how fast can a wildebeest run? ___ MPH

(Hint: What is 5 x 10?)

Color the chart up to your score.

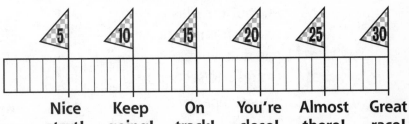

| 5 | 10 | 15 | 20 | 25 | 30 |

| Nice start! | Keep going! | On track! | You're close! | Almost there! | Great race! |

RACE #27

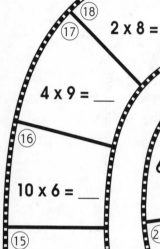

START

1. $7 \times 7 =$ ___
2. $8 \times 6 =$ ___
3. $10 \times 3 =$ ___
4. $6 \times 7 =$ ___
5. $0 \times 0 =$ ___
6. $3 \times 5 =$ ___
7. $9 \times 1 =$ ___
8. $3 \times 8 =$ ___
9. $3 \times 7 =$ ___
10. $3 \times 6 =$ ___
11. $5 \times 12 =$ ___
12. $8 \times 4 =$ ___
13. $11 \times 6 =$ ___
14. $7 \times 5 =$ ___
15. $5 \times 10 =$ ___
16. $10 \times 6 =$ ___
17. $4 \times 9 =$ ___
18. $2 \times 8 =$ ___
19. $9 \times 7 =$ ___
20. $3 \times 1 =$ ___
21. $4 \times 7 =$ ___
22. $8 \times 8 =$ ___
23. $5 \times 2 =$ ___
24. $8 \times 9 =$ ___
25. $4 \times 12 =$ ___
26. $3 \times 9 =$ ___
27. $10 \times 9 =$ ___
28. $6 \times 9 =$ ___
29. $2 \times 6 =$ ___
30. $5 \times 4 =$ ___

FINISH

SPEED BONUS

About how fast can a hummingbird beat its wings? ___ miles per second

(Hint: What is 10 x 5?)

Color the chart up to your score.

5	10	15	20	25	30
Nice start!	Keep going!	On track!	You're close!	Almost there!	Great race!

Speedy Math Practice: Multiplication   Scholastic Teaching Resources

RACE #28

START

1. 2 x 7 = ___
2. 9 x 6 = ___
3. 5 x 11 = ___
4. 6 x 10 = ___
5. 7 x 0 = ___
6. 5 x 7 = ___
7. 9 x 1 = ___
8. 8 x 8 = ___
9. 3 x 6 = ___
10. 9 x 12 = ___
11. 8 x 2 = ___
12. 8 x 4 = ___
13. 6 x 6 = ___
14. 12 x 8 = ___
15. 8 x 7 = ___
16. 4 x 7 = ___
17. 8 x 5 = ___
18. 10 x 8 = ___
19. 7 x 7 = ___
20. 3 x 2 = ___
21. 4 x 1 = ___
22. 6 x 5 = ___
23. 7 x 3 = ___
24. 2 x 10 = ___
25. 8 x 3 = ___
26. 5 x 11 = ___
27. 9 x 9 = ___
28. 6 x 7 = ___
29. 3 x 9 = ___
30. 4 x 3 = ___

FINISH

SPEED BONUS

About how fast can an antelope run?
___ MPH

(Hint: What is 6 x 10?)

Color the chart up to your score.

5	10	15	20	25	30

| Nice start! | Keep going! | On track! | You're close! | Almost there! | Great race! |

RACE #29

Name _____

Date _____

START
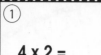

1. $4 \times 2 = \underline{\quad}$
2. $5 \times 5 = \underline{\quad}$
3. $2 \times 6 = \underline{\quad}$
4. $4 \times 10 = \underline{\quad}$
5. $3 \times 8 = \underline{\quad}$
6. $9 \times 5 = \underline{\quad}$
7. $0 \times 1 = \underline{\quad}$
8. $5 \times 7 = \underline{\quad}$
9. $3 \times 3 = \underline{\quad}$
10. $10 \times 2 = \underline{\quad}$
11. $7 \times 8 = \underline{\quad}$
12. $7 \times 4 = \underline{\quad}$
13. $4 \times 9 = \underline{\quad}$
14. $5 \times 8 = \underline{\quad}$
15. $7 \times 7 = \underline{\quad}$
16. $4 \times 4 = \underline{\quad}$
17. $8 \times 8 = \underline{\quad}$
18. $9 \times 9 = \underline{\quad}$
19. $5 \times 2 = \underline{\quad}$
20. $7 \times 2 = \underline{\quad}$
21. $8 \times 2 = \underline{\quad}$
22. $6 \times 5 = \underline{\quad}$
23. $7 \times 6 = \underline{\quad}$
24. $2 \times 11 = \underline{\quad}$
25. $9 \times 6 = \underline{\quad}$
26. $4 \times 8 = \underline{\quad}$
27. $2 \times 9 = \underline{\quad}$
28. $3 \times 7 = \underline{\quad}$
29. $8 \times 9 = \underline{\quad}$
30. $4 \times 3 = \underline{\quad}$

FINISH

 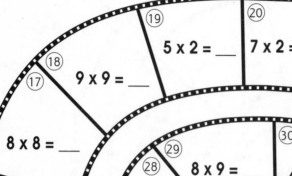

SPEED BONUS

About how fast can a cheetah run?
___ MPH

(Hint: What is 10 x 7?)

Color the chart up to your score.

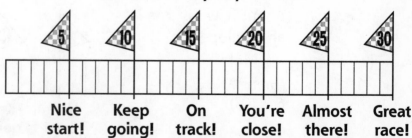

5	10	15	20	25	30
Nice start!	**Keep going!**	**On track!**	**You're close!**	**Almost there!**	**Great race!**

Speedy Math Practice: Multiplication Scholastic Teaching Resources

RACE #30

START

① 10 x 5 = __

② 11 x 9 = __

③ 8 x 6 = __

④ 9 x 9 = __

⑤ 2 x 8 = __

⑥ 1 x 5 = __

⑦ 7 x 1 = __

⑧ 9 x 8 = __

⑨ 3 x 12 = __

⑩ 10 x 10 = __

⑪ 5 x 3 = __

⑫ 8 x 11 = __

⑬ 5 x 9 = __

⑭ 7 x 8 = __

⑮ 6 x 7 = __

⑯ 3 x 6 = __

⑰ 8 x 5 = __

⑱ 7 x 7 = __

⑲ 5 x 4 = __

⑳ 8 x 2 = __

㉑ 6 x 12 = __

㉒ 6 x 2 = __

㉓ 9 x 7 = __

㉔ 6 x 4 = __

㉕ 4 x 1 = __

㉖ 10 x 8 = __

㉗ 5 x 7 = __

㉘ 3 x 1 = __

㉙ 0 x 9 = __

㉚ 4 x 9 = __

FINISH

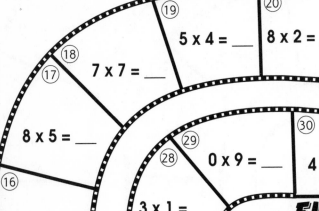

SPEED BONUS

About how fast can the fastest bobsled go? ___ MPH

(Hint: What is 9 x 10?)

Color the chart up to your score.

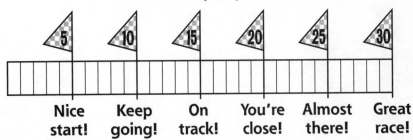

| 5 | 10 | 15 | 20 | 25 | 30 |

| **Nice start!** | **Keep going!** | **On track!** | **You're close!** | **Almost there!** | **Great race!** |

RACE #31

Name _____

Date _____

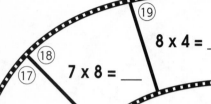

START

1. 10 x 10 = ___
2. 8 x 8 = ___
3. 10 x 11 = ___
4. 9 x 9 = ___
5. 7 x 7 = ___
6. 1 x 2 = ___
7. 7 x 10 = ___
8. 9 x 5 = ___
9. 5 x 10 = ___
10. 10 x 12 = ___
11. 3 x 3 = ___
12. 12 x 4 = ___
13. 5 x 5 = ___
14. 7 x 9 = ___
15. 2 x 3 = ___
16. 3 x 9 = ___
17. 6 x 5 = ___
18. 7 x 8 = ___
19. 8 x 4 = ___
20. 8 x 2 = ___
21. 2 x 9 = ___
22. 6 x 8 = ___
23. 3 x 7 = ___
24. 6 x 6 = ___
25. 4 x 10 = ___
26. 11 x 2 = ___
27. 6 x 7 = ___
28. 5 x 12 = ___
29. 8 x 6 = ___
30. 11 x 9 = ___

FINISH

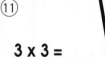

SPEED BONUS

About how fast can the fastest powerboat go? ____ MPH

(Hint: What is 10 x 18?)

Color the chart up to your score.

5	10	15	20	25	30
Nice start!	Keep going!	On track!	You're close!	Almost there!	Great race!

Speedy Math Practice: Multiplication   Scholastic Teaching Resources

RACE #32

Name _____

Date _____

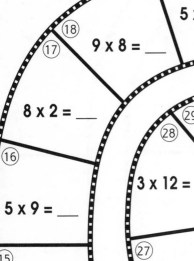

START

1. 9 x 12 = __
2. 4 x 1 = __
3. 9 x 6 = __
4. 4 x 7 = __
5. 2 x 11 = __
6. 10 x 10 = __
7. 8 x 1 = __
8. 9 x 9 = __
9. 2 x 7 = __
10. 4 x 6 = __
11. 12 x 10 = __
12. 6 x 2 = __
13. 8 x 5 = __
14. 8 x 6 = __
15. 7 x 3 = __
16. 5 x 9 = __
17. 8 x 2 = __
18. 9 x 8 = __
19. 5 x 4 = __
20. 1 x 7 = __
21. 0 x 9 = __
22. 6 x 7 = __
23. 3 x 3 = __
24. 6 x 5 = __
25. 8 x 12 = __
26. 7 x 9 = __
27. 11 x 4 = __
28. 3 x 12 = __
29. 6 x 11 = __
30. 6 x 12 = __

FINISH

SPEED BONUS

About how fast was the fastest baseball pitch? ____ MPH

(Hint: What is 15 x 7?)

Color the chart up to your score.

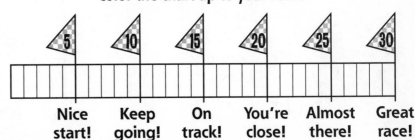

5	10	15	20	25	30
Nice start!	**Keep going!**	**On track!**	**You're close!**	**Almost there!**	**Great race!**

Name _____

Date _____

 START

① 2 x 2 = ___

② 3 x 6 = ___

③ 10 x 6 = ___

④ 4 x 8 = ___

⑤ 7 x 3 = ___

⑥ 0 x 2 = ___

⑦ 8 x 6 = ___

⑧ 9 x 7 = ___

⑨ 7 x 2 = ___

⑩ 7 x 6 = ___

⑪ 8 x 8 = ___

⑫ 6 x 9 = ___

⑬ 11 x 11 = ___

⑭ 10 x 6 = ___

⑮ 7 x 7 = ___

⑯ 2 x 1 = ___

⑰ 8 x 10 = ___

⑱ 9 x 3 = ___

⑲ 5 x 8 = ___

⑳ 1 x 1 = ___

㉑ 3 x 1 = ___

㉒ 5 x 3 = ___

㉓ 8 x 7 = ___

㉔ 9 x 5 = ___

㉕ 6 x 6 = ___

㉖ 7 x 9 = ___

㉗ 12 x 6 = ___

㉘ 10 x 6 = ___

㉙ 4 x 12 = ___

㉚ 7 x 11 = ___

 FINISH

SPEED BONUS

About how fast does the fastest roller coaster go?
_____ MPH

(Hint: What is 10 x 12?)

Color the chart up to your score.

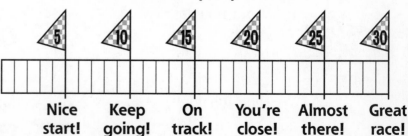

| 5 | 10 | 15 | 20 | 25 | 30 |

| Nice start! | Keep going! | On track! | You're close! | Almost there! | Great race! |

RACE #34

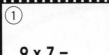

Name _____

Date _____

START

① 9 x 7 = __	② 1 x 9 = __	③ 5 x 6 = __

④ 7 x 2 = __

⑤ 3 x 8 = __

⑥ 10 x 5 = __

⑦ 8 x 7 = __

⑧ 6 x 9 = __

⑨ 9 x 5 = __

⑩ 8 x 2 = __

⑪ 5 x 5 = __

⑫ 11 x 10 = __

⑬ 4 x 5 = __

⑭ 12 x 6 = __

⑮ 8 x 9 = __

⑯ 5 x 2 = __

⑰ 4 x 8 = __

⑱ 3 x 0 = __

⑲ 7 x 3 = __

⑳ 3 x 9 = __

㉑ 1 x 4 = __

㉒ 6 x 7 = __

㉓ 9 x 2 = __

㉔ 8 x 5 = __

㉕ 8 x 10 = __

㉖ 5 x 12 = __

㉗ 12 x 2 = __

㉘ 9 x 11 = __

㉙ 11 x 7 = __

㉚ 8 x 12 = __

FINISH

SPEED BONUS

About how fast does
a skydiver drop?
____ MPH

*(Hint: What is
15 x 8?)*

Color the chart up to your score.

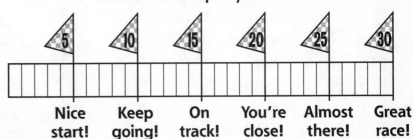

5	10	15	20	25	30
Nice start!	**Keep going!**	**On track!**	**You're close!**	**Almost there!**	**Great race!**

RACE #35

START

1. 1 x 6 = __
2. 4 x 4 = __
3. 5 x 5 = __
4. 10 x 2 = __
5. 7 x 8 = __
6. 9 x 5 = __
7. 1 x 10 = __
8. 3 x 9 = __
9. 3 x 8 = __
10. 4 x 7 = __
11. 5 x 7 = __
12. 6 x 5 = __
13. 7 x 3 = __
14. 8 x 6 = __
15. 9 x 2 = __
16. 10 x 7 = __
17. 4 x 8 = __
18. 10 x 10 = __
19. 7 x 7 = __
20. 8 x 9 = __
21. 2 x 2 = __
22. 6 x 6 = __
23. 9 x 10 = __
24. 6 x 11 = __
25. 8 x 1 = __
26. 11 x 11 = __
27. 5 x 4 = __
28. 7 x 12 = __
29. 12 x 9 = __
30. 6 x 12 = __

FINISH

SPEED BONUS

About how fast was the fastest tennis serve? ____ MPH

(Hint: What is 15 x 10?)

Color the chart up to your score.

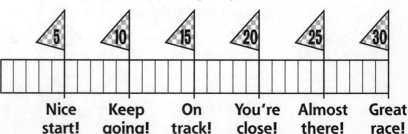

| 5 | 10 | 15 | 20 | 25 | 30 |

| Nice start! | Keep going! | On track! | You're close! | Almost there! | Great race! |

RACE #36

Name _____

Date _____

START

1. 9 x 6 = ___
2. 2 x 4 = ___
3. 5 x 7 = ___
4. 8 x 8 = ___
5. 9 x 8 = ___
6. 10 x 5 = ___
7. 10 x 10 = ___
8. 3 x 5 = ___
9. 7 x 8 = ___
10. 12 x 7 = ___
11. 9 x 4 = ___
12. 7 x 9 = ___
13. 4 x 4 = ___
14. 3 x 3 = ___
15. 12 x 5 = ___
16. 10 x 3 = ___
17. 2 x 6 = ___
18. 3 x 8 = ___
19. 7 x 7 = ___
20. 3 x 2 = ___
21. 9 x 9 = ___
22. 6 x 8 = ___
23. 9 x 3 = ___
24. 5 x 5 = ___
25. 0 x 1 = ___
26. 3 x 12 = ___
27. 12 x 9 = ___
28. 4 x 12 = ___
29. 8 x 9 = ___
30. 8 x 11 = ___

FINISH

SPEED BONUS

About how fast does the fastest skier ski? ____ MPH

(Hint: What is 15 x 10?)

Color the chart up to your score.

5	10	15	20	25	30

| Nice start! | Keep going! | On track! | You're close! | Almost there! | Great race! |

RACE #37

START

① 11 x 11 = ___

② 10 x 4 = ___

③ 8 x 8 = ___

④ 6 x 8 = ___

⑤ 3 x 8 = ___

⑥ 10 x 0 = ___

⑦ 3 x 3 = ___

⑧ 9 x 3 = ___

⑨ 2 x 4 = ___

⑩ 10 x 12 = ___

⑪ 4 x 3 = ___

⑫ 5 x 7 = ___

⑬ 6 x 3 = ___

⑭ 9 x 6 = ___

⑮ 4 x 11 = ___

⑯ 10 x 2 = ___

⑰ 7 x 6 = ___

⑱ 9 x 8 = ___

⑲ 7 x 7 = ___

⑳ 8 x 2 = ___

㉑ 3 x 1 = ___

㉒ 4 x 8 = ___

㉓ 9 x 9 = ___

㉔ 5 x 3 = ___

㉕ 4 x 7 = ___

㉖ 5 x 12 = ___

㉗ 11 x 3 = ___

㉘ 4 x 10 = ___

㉙ 6 x 5 = ___

㉚ 12 x 5 = ___

FINISH

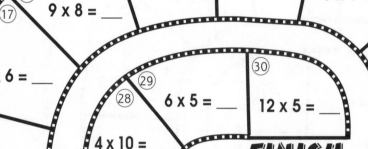

SPEED BONUS

About how fast are the winds of a huge hurricane? _____ MPH

(Hint: What is 18 x 9?)

Color the chart up to your score.

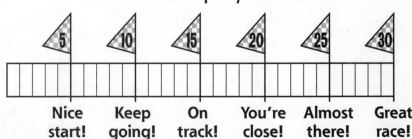

| 5 | 10 | 15 | 20 | 25 | 30 |

| **Nice start!** | **Keep going!** | **On track!** | **You're close!** | **Almost there!** | **Great race!** |

RACE #38

START

1   5 x 5 = ___

2   9 x 8 = ___

3   2 x 2 = ___

4   3 x 8 = ___

5   3 x 3 = ___

6   10 x 4 = ___

7   7 x 3 = ___

8   9 x 7 = ___

9   12 x 12 = ___

10   7 x 7 = ___

11   12 x 11 = ___

12   4 x 9 = ___

13   6 x 8 = ___

14

15   9 x 3 = ___

16   4 x 5 = ___

  1 x 2 = ___

  3 x 6 = ___

17   18   7 x 8 = ___

19   3 x 4 = ___

20   8 x 8 = ___

21   11 x 11 = ___

22

23   3 x 2 = ___

24   6 x 9 = ___

25   2 x 7 = ___

26   2 x 12 = ___

27   6 x 12 = ___

28   12 x 8 = ___

29   8 x 5 = ___

30   11 x 3 = ___

  9 x 5 = ___

FINISH

SPEED BONUS

About how fast can a falcon fly? ____ MPH

(Hint: What is 15 x 12?)

Color the chart up to your score.

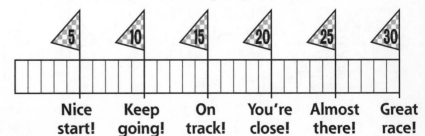

5   10   15   20   25   30

| Nice start! | Keep going! | On track! | You're close! | Almost there! | Great race! |

RACE #39

Name _____

Date _____

START

1. 8 x 7 = __
2. 6 x 3 = __
3. 11 x 11 = __
4. 8 x 8 = __
5. 3 x 1 = __
6. 10 x 7 = __
7. 7 x 5 = __
8. 6 x 7 = __
9. 1 x 3 = __
10. 12 x 12 = __
11. 4 x 9 = __
12. 8 x 9 = __
13. 5 x 6 = __
14. 4 x 8 = __
15. 2 x 10 = __
16. 5 x 5 = __
17. 9 x 6 = __
18. 7 x 7 = __
19. 3 x 4 = __
20. 10 x 8 = __
21. 10 x 0 = __
22. 9 x 7 = __
23. 2 x 2 = __
24. 6 x 4 = __
25. 2 x 4 = __
26. 8 x 7 = __
27. 4 x 9 = __
28. 5 x 9 = __
29. 8 x 12 = __
30. 12 x 3 = __

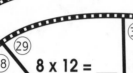

FINISH

SPEED BONUS

About how fast can a stock car go? ____ MPH

(Hint: What is 15 x 15?)

Color the chart up to your score.

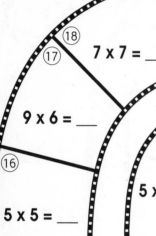

| 5 | 10 | 15 | 20 | 25 | 30 |

| Nice start! | Keep going! | On track! | You're close! | Almost there! | Great race! |

Speedy Math Practice: Multiplication   Scholastic Teaching Resources

RACE #40

START

1. 8 x 11 = ___
2. 12 x 2 = ___
3. 1 x 12 = ___
4. 12 x 3 = ___
5. 3 x 12 = ___
6. 11 x 7 = ___
7. 7 x 12 = ___
8. 12 x 5 = ___
9. 11 x 11 = ___
10. 8 x 12 = ___
11. 12 x 12 = ___
12. 11 x 12 = ___
13. 11 x 6 = ___
14. 12 x 8 = ___
15. 11 x 10 = ___
16. 12 x 5 = ___
17. 9 x 12 = ___
18. 10 x 5 = ___
19. 3 x 11 = ___
20. 5 x 11 = ___
21. 11 x 7 = ___
22. 12 x 9 = ___
23. 2 x 12 = ___
24. 6 x 12 = ___
25. 11 x 5 = ___
26. 4 x 12 = ___
27. 9 x 12 = ___
28. 7 x 11 = ___
29. 9 x 9 = ___
30. 9 x 8 = ___

FINISH

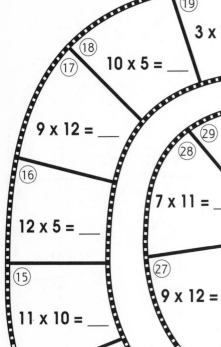

SPEED BONUS

About how fast can an airplane fly?
____ MPH

(Hint: What is 25 x 20?)

Color the chart up to your score.

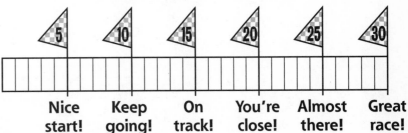

| 5 | 10 | 15 | 20 | 25 | 30 |

| Nice start! | Keep going! | On track! | You're close! | Almost there! | Great race! |

RACE #1	RACE #3	RACE #5	RACE #7	RACE #9	RACE #11	RACE #13
1. 0	1. 0	1. 0	1. 0	1. 0	1. 0	1. 12
2. 1	2. 3	2. 5	2. 7	2. 9	2. 3	2. 9
3. 2	3. 6	3. 10	3. 14	3. 18	3. 4	3. 27
4. 3	4. 9	4. 15	4. 21	4. 27	4. 3	4. 24
5. 4	5. 12	5. 20	5. 28	5. 36	5. 1	5. 6
6. 5	6. 15	6. 25	6. 35	6. 45	6. 2	6. 18
7. 6	7. 18	7. 30	7. 42	7. 54	7. 7	7. 15
8. 7	8. 21	8. 35	8. 49	8. 63	8. 0	8. 33
9. 8	9. 24	9. 40	9. 56	9. 72	9. 8	9. 24
10. 9	10. 27	10. 45	10. 63	10. 81	10. 11	10. 21
11. 10	11. 30	11. 50	11. 70	11. 90	11. 8	11. 0
12. 3	12. 9	12. 25	12. 21	12. 18	12. 6	12. 3
13. 0	13. 27	13. 0	13. 49	13. 0	13. 12	13. 27
14. 6	14. 12	14. 10	14. 14	14. 63	14. 7	14. 36
15. 8	15. 6	15. 5	15. 7	15. 81	15. 9	15. 9
16. 4	16. 30	16. 40	16. 70	16. 90	16. 10	16. 27
17. 10	17. 21	17. 30	17. 42	17. 54	17. 4	17. 15
18. 2	18. 3	18. 45	18. 35	18. 45	18. 5	18. 6
19. 5	19. 18	19. 15	19. 56	19. 27	19. 6	19. 30
20. 9	20. 24	20. 20	20. 0	20. 9	20. 2	20. 3
21. 7	21. 15	21. 35	21. 63	21. 36	21. 7	21. 6
22. 1	22. 0	22. 50	22. 28	22. 72	22. 8	22. 9
23. 7	23. 21	23. 40	23. 56	23. 63	23. 6	23. 18
24. 2	24. 24	24. 20	24. 21	24. 36	24. 4	24. 12
25. 4	25. 0	25. 5	25. 7	25. 45	25. 10	25. 18
26. 10	26. 30	26. 50	26. 70	26. 9	26. 1	26. 30
27. 6	27. 12	27. 45	27. 35	27. 27	27. 9	27. 24
28. 9	28. 27	28. 10	28. 42	28. 0	28. 0	28. 15
29. 3	29. 6	29. 35	29. 14	29. 90	29. 5	29. 21
30. 8	30. 18	30. 25	30. 49	30. 18	30. 3	30. 12

RACE #2	RACE #4	RACE #6	RACE #8	RACE #10	RACE #12	RACE #14
1. 0	1. 0	1. 0	1. 0	1. 0	1. 14	1. 8
2. 2	2. 4	2. 6	2. 8	2. 10	2. 24	2. 24
3. 4	3. 8	3. 12	3. 16	3. 20	3. 0	3. 20
4. 6	4. 12	4. 18	4. 24	4. 30	4. 20	4. 12
5. 8	5. 16	5. 24	5. 32	5. 40	5. 6	5. 36
6. 10	6. 20	6. 30	6. 40	6. 50	6. 16	6. 4
7. 12	7. 24	7. 36	7. 48	7. 60	7. 4	7. 20
8. 14	8. 28	8. 42	8. 56	8. 70	8. 18	8. 16
9. 16	9. 32	9. 48	9. 64	9. 80	9. 16	9. 32
10. 18	10. 36	10. 54	10. 72	10. 90	10. 12	10. 28
11. 20	11. 40	11. 60	11. 80	11. 100	11. 2	11. 40
12. 6	12. 28	12. 12	12. 32	12. 20	12. 12	12. 24
13. 0	13. 36	13. 48	13. 0	13. 0	13. 24	13. 44
14. 16	14. 8	14. 54	14. 8	14. 70	14. 18	14. 4
15. 8	15. 4	15. 6	15. 72	15. 60	15. 8	15. 36
16. 18	16. 32	16. 60	16. 80	16. 30	16. 16	16. 12
17. 10	17. 40	17. 24	17. 48	17. 40	17. 10	17. 20
18. 2	18. 0	18. 30	18. 40	18. 50	18. 8	18. 36
19. 12	19. 24	19. 18	19. 64	19. 90	19. 6	19. 32
20. 4	20. 20	20. 0	20. 16	20. 10	20. 4	20. 16
21. 14	21. 12	21. 42	21. 24	21. 100	21. 20	21. 48
22. 20	22. 16	22. 36	22. 56	22. 80	22. 8	22. 28
23. 14	23. 32	23. 48	23. 16	23. 30	23. 14	23. 32
24. 18	24. 8	24. 12	24. 32	24. 40	24. 22	24. 8
25. 8	25. 0	25. 6	25. 40	25. 90	25. 2	25. 4
26. 20	26. 40	26. 60	26. 8	26. 10	26. 10	26. 40
27. 10	27. 16	27. 18	27. 64	27. 50	27. 20	27. 16
28. 2	28. 28	28. 24	28. 56	28. 0	28. 18	28. 8
29. 12	29. 36	29. 36	29. 80	29. 80	29. 14	29. 28
30. 16	30. 4	30. 42	30. 24	30. 20	30. 12	30. 0

Speedy Math Practice: Multiplication   Scholastic Teaching Resources

RACE #15	RACE #17	RACE #19	RACE #21	RACE #23	RACE #25	RACE #27
1. 5	1. 63	1. 36	1. 27	1. 12	1. 1	1. 49
2. 10	2. 42	2. 63	2. 3	2. 3	2. 4	2. 48
3. 35	3. 70	3. 18	3. 24	3. 9	3. 9	3. 30
4. 15	4. 49	4. 90	4. 15	4. 80	4. 16	4. 42
5. 25	5. 84	5. 27	5. 48	5. 8	5. 25	5. 0
6. 50	6. 21	6. 45	6. 16	6. 6	6. 36	6. 15
7. 30	7. 7	7. 99	7. 42	7. 45	7. 49	7. 9
8. 40	8. 56	8. 45	8. 9	8. 40	8. 64	8. 24
9. 55	9. 21	9. 27	9. 32	9. 16	9. 81	9. 21
10. 50	10. 42	10. 90	10. 18	10. 77	10. 100	10. 18
11. 15	11. 14	11. 72	11. 88	11. 24	11. 2	11. 60
12. 10	12. 28	12. 81	12. 12	12. 70	12. 6	12. 32
13. 20	13. 77	13. 36	13. 0	13. 60	13. 12	13. 66
14. 25	14. 35	14. 108	14. 49	14. 0	14. 20	14. 35
15. 45	15. 14	15. 18	15. 54	15. 72	15. 30	15. 50
16. 30	16. 70	16. 45	16. 30	16. 72	16. 42	16. 60
17. 60	17. 28	17. 72	17. 44	17. 15	17. 56	17. 36
18. 40	18. 56	18. 90	18. 45	18. 18	18. 72	18. 16
19. 50	19. 0	19. 18	19. 6	19. 2	19. 90	19. 63
20. 5	20. 21	20. 63	20. 5	20. 28	20. 3	20. 3
21. 20	21. 28	21. 99	21. 20	21. 20	21. 8	21. 28
22. 25	22. 49	22. 54	22. 56	22. 27	22. 15	22. 64
23. 20	23. 35	23. 63	23. 7	23. 30	23. 24	23. 10
24. 35	24. 56	24. 81	24. 16	24. 21	24. 35	24. 72
25. 40	25. 84	25. 27	25. 90	25. 48	25. 48	25. 48
26. 45	26. 70	26. 54	26. 2	26. 0	26. 63	26. 27
27. 15	27. 63	27. 0	27. 36	27. 64	27. 80	27. 90
28. 0	28. 42	28. 9	28. 35	28. 10	28. 0	28. 54
29. 45	29. 14	29. 72	29. 48	29. 42	29. 18	29. 12
30. 10	30. 35	30. 36	30. 21	30. 36	30. 10	30. 20

RACE #16	RACE #18	RACE #20	RACE #22	RACE #24	RACE #26	RACE #28
1. 12	1. 16	1. 50	1. 28	1. 8	1. 8	1. 14
2. 54	2. 72	2. 60	2. 8	2. 24	2. 5	2. 54
3. 30	3. 24	3. 30	3. 0	3. 50	3. 15	3. 55
4. 48	4. 80	4. 90	4. 50	4. 5	4. 32	4. 60
5. 66	5. 56	5. 110	5. 36	5. 36	5. 0	5. 0
6. 60	6. 40	6. 10	6. 64	6. 9	6. 20	6. 35
7. 42	7. 48	7. 70	7. 12	7. 35	7. 63	7. 9
8. 6	8. 64	8. 80	8. 27	8. 10	8. 12	8. 64
9. 18	9. 96	9. 100	9. 40	9. 56	9. 84	9. 18
10. 24	10. 32	10. 120	10. 24	10. 14	10. 30	10. 108
11. 12	11. 16	11. 30	11. 10	11. 84	11. 22	11. 16
12. 72	12. 32	12. 40	12. 48	12. 60	12. 21	12. 32
13. 48	13. 48	13. 50	13. 14	13. 12	13. 96	13. 36
14. 30	14. 72	14. 70	14. 63	14. 0	14. 25	14. 96
15. 66	15. 56	15. 60	15. 24	15. 66	15. 40	15. 56
16. 36	16. 8	16. 100	16. 80	16. 21	16. 70	16. 28
17. 42	17. 40	17. 10	17. 25	17. 20	17. 28	17. 40
18. 54	18. 80	18. 70	18. 36	18. 18	18. 54	18. 80
19. 18	19. 88	19. 40	19. 18	19. 40	19. 6	19. 49
20. 6	20. 24	20. 20	20. 4	20. 64	20. 9	20. 6
21. 60	21. 32	21. 20	21. 100	21. 30	21. 36	21. 4
22. 24	22. 48	22. 60	22. 12	22. 42	22. 4	22. 30
23. 12	23. 0	23. 90	23. 42	23. 81	23. 18	23. 21
24. 48	24. 80	24. 80	24. 32	24. 24	24. 48	24. 20
25. 0	25. 56	25. 30	25. 99	25. 15	25. 49	25. 24
26. 36	26. 40	26. 0	26. 90	26. 4	26. 3	26. 55
27. 60	27. 72	27. 50	27. 18	27. 7	27. 10	27. 81
28. 18	28. 64	28. 10	28. 15	28. 16	28. 24	28. 42
29. 42	29. 24	29. 90	29. 49	29. 63	29. 14	29. 27
30. 54	30. 16	30. 40	30. 54	30. 27	30. 45	30. 12

Speedy Math Practice: Multiplication   Scholastic Teaching Resources

RACE #29	RACE #31	RACE #33	RACE #35	RACE #37	RACE #39	Speed Bonus
1. 8	1. 100	1. 4	1. 6	1. 121	1. 56	**Race #**
2. 25	2. 64	2. 18	2. 16	2. 40	2. 18	1. 1
3. 12	3. 110	3. 60	3. 25	3. 64	3. 121	2. 16
4. 40	4. 81	4. 32	4. 20	4. 48	4. 64	3. 30
5. 24	5. 49	5. 21	5. 56	5. 24	5. 3	4. 8
6. 45	6. 2	6. 0	6. 45	6. 0	6. 70	5. 10
7. 0	7. 70	7. 48	7. 10	7. 9	7. 35	6. 12
8. 35	8. 45	8. 63	8. 27	8. 27	8. 42	7. 28
9. 9	9. 50	9. 14	9. 24	9. 8	9. 3	8. 8
10. 20	10. 120	10. 42	10. 28	10. 120	10. 144	9. 36
11. 56	11. 9	11. 64	11. 35	11. 12	11. 36	10. 50
12. 28	12. 48	12. 54	12. 30	12. 35	12. 72	11. 13
13. 36	13. 25	13. 121	13. 21	13. 18	13. 30	12. 12
14. 40	14. 63	14. 60	14. 48	14. 54	14. 32	13. 30
15. 49	15. 6	15. 49	15. 18	15. 44	15. 20	14. 32
16. 16	16. 27	16. 2	16. 70	16. 20	16. 25	15. 30
17. 64	17. 30	17. 80	17. 32	17. 42	17. 54	16. 42
18. 81	18. 56	18. 27	18. 100	18. 72	18. 49	17. 35
19. 10	19. 32	19. 40	19. 49	19. 49	19. 12	18. 32
20. 14	20. 16	20. 1	20. 72	20. 16	20. 80	19. 9
21. 16	21. 18	21. 3	21. 4	21. 3	21. 0	20. 40
22. 30	22. 48	22. 15	22. 36	22. 32	22. 63	21. 40
23. 42	23. 21	23. 56	23. 90	23. 81	23. 4	22. 27
24. 22	24. 36	24. 45	24. 66	24. 15	24. 24	23. 25
25. 54	25. 40	25. 36	25. 8	25. 28	25. 8	24. 42
26. 32	26. 22	26. 63	26. 121	26. 60	26. 56	25. 25
27. 18	27. 42	27. 72	27. 20	27. 33	27. 36	26. 50
28. 21	28. 60	28. 60	28. 84	28. 40	28. 45	27. 50
29. 72	29. 48	29. 48	29. 108	29. 30	29. 96	28. 60
30. 12	30. 99	30. 77	30. 72	30. 60	30. 36	29. 70
RACE #30	**RACE #32**	**RACE #34**	**RACE #36**	**RACE #38**	**RACE #40**	30. 90
1. 50	1. 108	1. 63	1. 54	1. 25	1. 88	31. 180
2. 99	2. 4	2. 9	2. 8	2. 72	2. 24	32. 105
3. 48	3. 54	3. 30	3. 35	3. 4	3. 12	33. 120
4. 81	4. 28	4. 14	4. 64	4. 24	4. 36	34. 120
5. 16	5. 22	5. 24	5. 72	5. 9	5. 36	35. 150
6. 5	6. 100	6. 50	6. 50	6. 40	6. 77	36. 150
7. 7	7. 8	7. 56	7. 100	7. 21	7. 84	37. 162
8. 72	8. 81	8. 54	8. 15	8. 63	8. 60	38. 180
9. 36	9. 14	9. 45	9. 56	9. 144	9. 121	39. 225
10. 100	10. 24	10. 16	10. 84	10. 49	10. 96	40. 500
11. 15	11. 120	11. 25	11. 36	11. 132	11. 144	
12. 88	12. 12	12. 110	12. 63	12. 36	12. 132	
13. 45	13. 40	13. 20	13. 16	13. 48	13. 66	
14. 56	14. 48	14. 72	14. 9	14. 27	14. 96	
15. 42	15. 21	15. 72	15. 60	15. 20	15. 110	
16. 18	16. 45	16. 10	16. 30	16. 2	16. 60	
17. 40	17. 16	17. 32	17. 12	17. 18	17. 108	
18. 49	18. 72	18. 0	18. 24	18. 56	18. 50	
19. 20	19. 20	19. 21	19. 49	19. 12	19. 33	
20. 16	20. 7	20. 27	20. 6	20. 64	20. 55	
21. 72	21. 0	21. 4	21. 81	21. 121	21. 77	
22. 12	22. 42	22. 42	22. 48	22. 45	22. 108	
23. 63	23. 9	23. 18	23. 27	23. 6	23. 24	
24. 24	24. 30	24. 40	24. 25	24. 54	24. 72	
25. 4	25. 96	25. 80	25. 0	25. 14	25. 55	
26. 80	26. 63	26. 60	26. 36	26. 24	26. 48	
27. 35	27. 44	27. 24	27. 108	27. 72	27. 108	
28. 3	28. 36	28. 99	28. 48	28. 96	28. 77	
29. 0	29. 66	29. 77	29. 72	29. 40	29. 81	
30. 36	30. 72	30. 96	30. 88	30. 33	30. 72	